느려도
잘 살고 있어요

느하 지음

목차

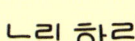

느린 하루

과거 느하

느린 하루 프로젝트

느려도 잘 살고 있어요

느린 하루

느린 하루 러키 7계명

~느린 하루 러키 7계명 소개~

1. 하고 싶은 것을 미루지 않는다

4. 오늘 할 일은 하나면 충분하다

5. 스트레스 받으면 아프다

가장 좋은 선택

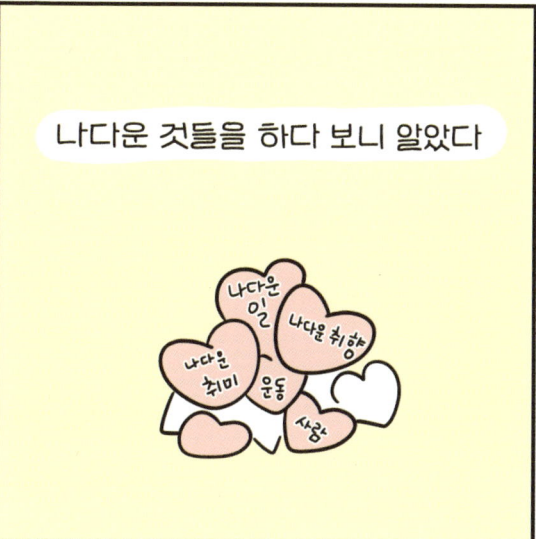

하고 싶은 건 혼자 하지 뭐

배려하며 살고 있어요

너무 열심히 살지 말자

평일의 작은 행복들

과거 느하

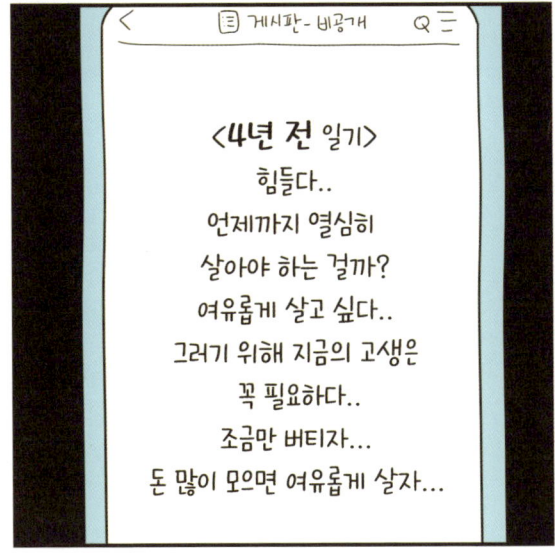

≡ 게시판- 비공개

〈3년 전 일기〉
힘들다..
언제까지 열심히
살아야 하는 걸까?
여유롭게 살고 싶다..
그러기 위해 지금의 고생은
꼭 필요하다..
조금만 버티자...
돈 많이 모으면 여유롭게 살자...

≡ 게시판- 비공개

〈2년 전 일기〉
힘들다..
언제까지 열심히
살아야 하는 걸까?
여유롭게 살고 싶다..
그러기 위해 지금의 고생은
꼭 필요하다..
조금만 버티자...
돈 많이 모으면 여유롭게 살자...

≡ 게시판 - 비공개　　Q ≡

〈오늘 일기〉
힘들다..
언제까지 열심히
살아야 하는 걸까?
여유롭게 살고 싶다..
그러기 위해 지금의 고생은
꼭 필요하다..
조금만 버티자...
돈 많이 모으면 여유롭게 살자...

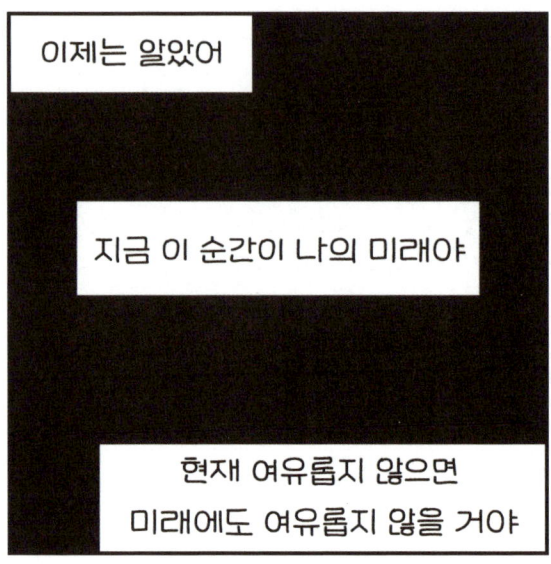

그렇게 시작했었다

느린 하루 프로젝트!

느린 하루 프로젝트

많이 쉬기 프로젝트

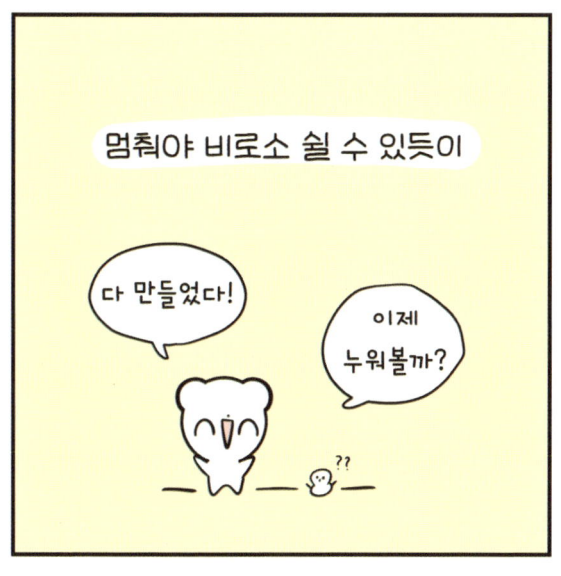

조금 일하기 프로젝트

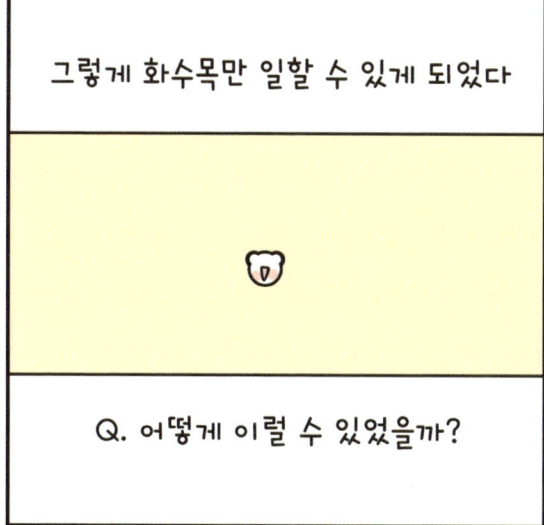

많이 벌기 프로젝트

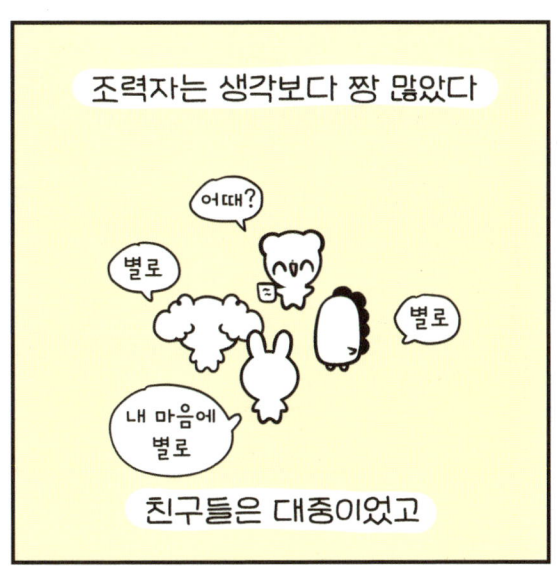

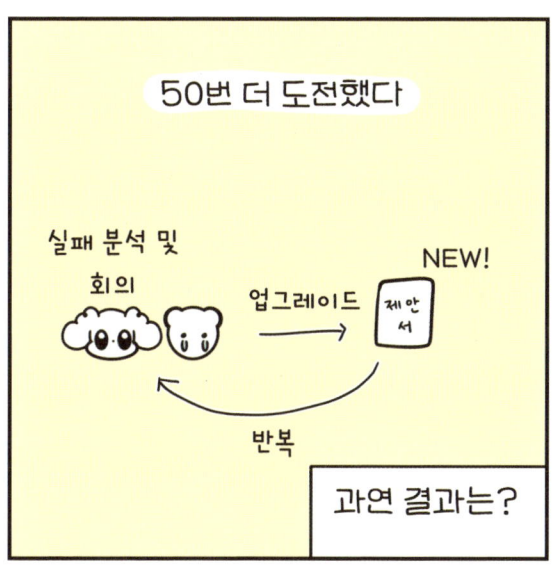

느려도 잘 살고 있어요

나의 속도

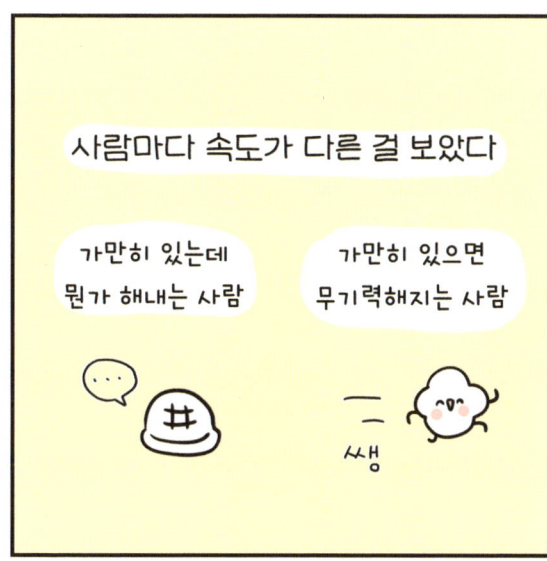

가장 젊은 오늘

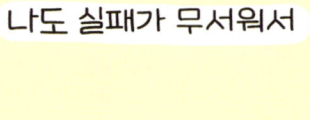

내 마음대로 사는 것을
계속 도전할 거야

여유라는 중심

바쁘다 바빠 대한민국에서

여유라는 중심을 잡는 건
어려운 일이다

그럼에도 의식적으로 노력하며

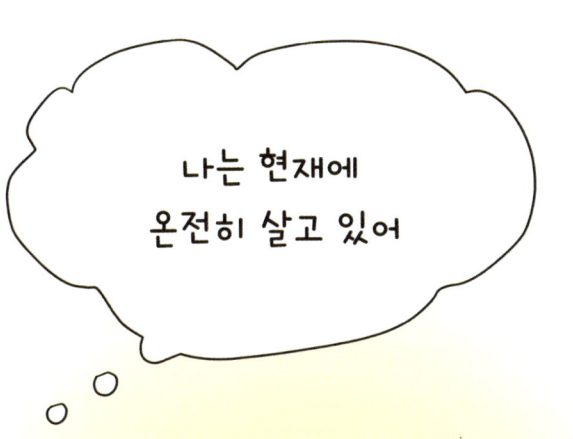

느려도 잘 살고 있어요

내가 생각하는 여유는?

1.
2.
3.
4.
5.
6.
7.

느려도 잘 살고 있어요

지은이 | 느하

@neuha_cartoon

그 외 서적 | 계속 살아있길 바라

도움 | 팔로워님들, 귀여운 모임 친구들, 동료님들, 금비피앤피 모두 감사합니다
초판 1쇄 발행 | 2024년 11월 8일
펴낸곳 | 느린 하루
이메일 | chyunnd@naver.com

ISBN 979-11-989810-1-1 07800

ⓒ 느하 2024